AF360022

HERCULE MOURANT,

TRAGÉDIE LYRIQUE,

REPRÉSENTÉE
POUR LA PREMIERE FOIS,
PAR L'ACADEMIE-ROYALE
DE MUSIQUE,
Le Vendredi 3 Avril 1761.

PRIX XXX. SOLS.

AUX DÉPENS DE L'ACADÉMIE.

A PARIS, Chés DE LORMEL, Imprimeur de ladite Académie, rue du
Foin, à l'Image Sainte Genevieve.

On trouvera des Livres de Paroles à la Salle de l'Opera.

M. DCC. LXI.

AVEC APPROBATION ET PRIVILEGE DU ROI.

Les Paroles de Monsieur MARMONTEL.

La Musique de Monsieur D'AUVERGNE,
Maître de Musique de la Chambre du Roi.

ACTEURS CHANTANTS
DANS LES CHŒURS.

CÔTÉ' DU ROI.

Mesdemoiselles. Messieurs.

Letourneur.	Le Page.
La croix.	Durand.
Durand.	Delvaux.
Fontenet.	Scelle.
Delor.	Rose.
	Robin.
Roublot.	Antheaume.
St Aubin,	Parant.
Héry.	Contour.

CÔTÉ' DE LA REINE

Mesdemoiselles. Messieurs.

D'alliere.	S. Martin.
	Albert.
Massont.	Jaubert.
	L'Écuyer.
Salaville.	Tourcaty.
	Chappotin.
Lachantrie.	Favier.
	Feret.
L'étienne.	Du Perrier.
	Boy.
Villenfin.	Laurent.

Aij

ACTEURS.

HERCULE,	M^r. Gélin.

HERCULE,   M^r. Gélin.

DÉJANIRE, *épouse d'Hercule*,   Mlle. Chevalier.

HILUS, *Fils d'Hercule & de Déjanire*,   M^r. Pillot.

PHILOCTETE, *Compagnon d'Hercule*,   M^r. Larrivée.

ÏOLE, *Princesse Captive*,   Mlle. Arnoud.

LICHAS, *Esclave d'Hercule*,   M^r. Durand.

DIRCÉ, *Confidente de Déjanire*,   Mlle. Davaux.

JUPITER,   M^r. Jaubert.

JUNON,   Mlle. Rozet.

LA JALOUSIE,   M^r. Larrivée.

CHŒUR *de Théssaliens.*

CHŒUR *de Captifs.*

CHŒUR *de Combattans dans les Jeux Olimpiques.*

CHŒUR *de Prêtres de Jupiter.*

CHŒUR *de Femmes suivantes de Déjanire.*

CHŒUR *de Guerriers Compagnons d'Hercule.*

CHŒUR *de Divinités célestes.*

PERSONNAGES DANSANS.

ACTE PREMIER.
PEUPLES GRECS.

M^r. LAVAL,   Melle. CARVILLE.

M^r. GROSSET,   Mlle. CHEFDEVILLE.

M^{rs}. Cezeron, Gougi, Valentin, Rogier, l.,
Mercier, Simonet.

Mlles. Tételingre, Saron, Agouffi, Buard, Ledoux,
St. Martin.

ACTE DEUXIEME.
AFRIQUAINS.

M^r. LAVAL.

M^r. LYONNOIS,   Mlle. LYONNOIS.

M^{rs}. Lelievre, Hyacinte, Trupty, Hamoche.

ASIATIQUES.

M^{elles}. DUMONCEAU, CHEFDEVILLE,

M^{elles}. Demiré, Lacour, Ray, Saron,

EUROPÉENS & EUROPÉENNES.

M^{rs}. Béate, Groffet, Leger, Rogier, c.

Mlles. Tételingre, Siane, Deferriere, St. Martin.

ACTE TROISIEME.
LUTTEURS.
Mr. LANY.
Mrs. HYACINTE, LEGER.
THESSALIENS & THESSALIENNES.
Mlle. LANY.
Mr. GARDEL.
Mrs. BÉATE, GROSSET.
Mlles. DUMONCEAU, CHEFDEVILLE.
Mrs. Cezeron, Gougi, Valentin, Rogier, l.,
Mercier, Simonet.
Mlles. Tételingre, Saron, Agouffi, Ledoux,
St. Martin, Laforêt.

ACTE QUATRIEME.
SUIVANTES DE DEJANIRE.
Mlle. CARVILLE.
Mlles. Demiré, Lacour, Ray, Tételingre,
Bocard, l., Buard.

ACTE CINQUIEME.
DIVINITÉS CÉLESTES.
Mr. VESTRIS.
Mr. LYONNOIS.   Mlle. LYONNOIS.
Mr. GARDEL.   Mlle. DUMONCEAU.
Mrs. Lelievre, Hyacinte, Trupty, Levoir,
Hamoche, Leger, Gougi, Valentin.
Mlles. Demiré, Lacour, Ray, Tételingre,
Bocard, l., Siane, Deferriere, Buard.

HERCULE MOURANT,
TRAGÉDIE LYRIQUE.

ACTE PREMIER.

Le Théâtre repréſente le Palais d'Hercule à Trachine.

SCENE PREMIERE.
DEJANIRE, DIRCÉ.

DEJANIRE.

Dircé, voici le jour où mon ſort ſe décide,
Le jour qui doit me rendre Alcide,
Hélas ! s'il peut m'être rendu.

Lui-même il a marqué ce terme à son absence,
Et ce jour expiré, tout espoir est perdu.

D I R C É.

Junon le tient sous sa puissance :
Elle a prolongé ses travaux.

D E J A N I R E.

Dieux ! encor des dangers nouveaux !
Ne vous lassez-vous point d'éprouver sa constance ?
Il vit pour l'Univers ; il ne vit plus pour nous.
Foible, plaintive, errante, aux larmes condamnée
    Sa famille est abandonnée.
Il dédaigne les soins & de pere & d'époux.

D I R C É.

De tous les ennuis qu'il vous cause
Sa gloire doit vous consoler.

D E J A N I R E.

Sa gloire ? Ah ! sans frémir puis-je me rappeller
Les perils, les combats où sa valeur l'expose ?
    Je crois le voir environné

Des

Des monſtres de Nemée & de ceux d'Erimante :
J'entends les ſifflemens de l'Hidre menaçante,
J'entends les cris affreux de Cerbere enchaîné ;
Et mon époux ſans ceſſe à mes yeux ſe préſente
Luttant contre le ſort, à le perdre obſtiné.

SCENE II.

DEJANIRE, HILUS, DIRCÉ.

DEJANIRE, à HILUS.

Mais, que vois-je ? mon fils ! en quels lieux
     eſt Alcide ?

HILUS.

Il revient ; Junon même à ce vainqueur rapide
Se laſſe d'oppoſer d'inutiles efforts.

Au pied du mont Olympe un ſaint devoir l'arrête.
A Jupiter ſon pere il conſacre une fête.
Cependant ſes captifs s'avancent vers ces bords.

Dans les fers du vainqueur, une beauté céleſte
     Attire & charme tous les yeux.

B

DEJANIRE.

Et quelle eft cette efclave?

HILUS.

Un filence modefte
Nous cache fon païs, fon rang & fes ayeux;
Mais, fi j'en crois mon cœur, elle eft du fang desDieux.

Tout en elle intéreffe, enchante.
Avec elle on gémit de fa captivité.
Ah, que la douleur eft touchante
Lorfqu'elle afflige la beauté !

Verrez-vous fans pitié cette aimable captive?
Il eft fi cruel d'accabler
L'innocence foible & craintive,
Et fi doux de la confoler !

DEJANIRE.

Penfe au retour d'Alcide, à ce jour plein de charmes.
Dis-moi qu'il vient tarir les larmes
Que fon abfence a fait couler.

Mais j'entends des chants de victoire.

SCENE III.

DEJANIRE, DIRCÉ, HILUS, *Peuple*
Thessalien, qui vient féliciter Dejanire
*sur le retour d'*Hercule.

C H Œ U R.

Victoire, victoire!
Le Vainqueur des Tyrans revient dans nos climats :
    Il est précédé par la gloire,
    Et la paix vole sur ses pas.
Victoire, &c.

On danse.

une THESSALIENNE.

Triomphe aimable paix, enchaîne les Héros :
    Ton régne est le printems du Monde.

Que jamais la trompette à nos voix ne réponde,
Que la seule musette éveille les échos.
Triomphe aimable paix, enchaîne les Héros,
    Ton régne est le printems du Monde.

On danse.
B ij

D E J A N I R E.

Peuple, c'eſt votre appui qui revient dans ces lieux:
Allons à ſon retour intéreſſer les Dieux.

SCENE IV.

Tandis que D E J A N I R E *& le Peuple ſe retirent,* J U N O N *paroît dans les airs, pourſuivie par la* J A L O U S I E.

J U N O N, L A   J A L O U S I E.

J U N O N.

N'ES-TU qu'à moi ſeule fatale,
　　　Jalouſie infernale ?
Dans les Cieux, ſur la Terre attachée à mes pas,
Tu montes ſur mon char, tu ne me quittes pas.

　　N'eſt-tu qu'à moi ſeule fatale,
　　　Jalouſie infernale ?
Ne fais-tu tourmenter que le cœur de Junon ?
Vois la gloire d'Alcide, & l'éclat de ſon nom ;
Vois le triomphe heureux que ce rivage étale.

Jalousie infernale,
Ne sçais-tu tourmenter que le cœur de Junon?

LA JALOUSIE.

Non, non, dans la nature entiere
Tous les heureux font mes rivaux.

Je voudrois du Soleil obscurcir la lumiere ;
D'Alcide en frémissant j'admire les travaux.

Le bonheur de Déjanire
Me révolte, me déchire :
Je voudrois l'en punir par des tourmens nouveaux.

JUNON.

Va, répands dans son sein les feux qui me consument,
Ces feux que la vengeance & que l'amour allument.
Déjanire aime son époux ;

Invisible à ses yeux, & sans cesse autour d'elle,
Va signaler ta rage en servant mon courroux.

LA JALOUSIE.

Noirs soupçons, tourmens des jaloux,
Par la voix de Dircé, sa compagne fidelle,
Venez percer son cœur des plus sensibles coups.

LA FURIE *et* JUNON.

Que le défefpoir, la fureur
Embrafent, dévorent fon âme;
Qu'elle immole, dans fon erreur,
Le fatal objet de fa flamme;
Que Jupiter lui-même en frémiffe d'horreur.

FIN DU PREMIER ACTE.

ACTE SECOND.

*Le Théâtre repréfente les Jardins du Palais d'Hercule
fur le bord de la Mer.*

SCENE PREMIERE.
ÏOLE, *feule.*

QUELLE voix fufpend mes allarmes ?
Quel Dieu vient adoucir la rigueur de mes fers ?
En parcourant ces vaftes mers
Mes yeux ne verfent plus de larmes.
Que dis-je ? mon exil, mes malheurs me font chers.
Pour moi l'efclavage a des charmes.

Un calme heureux fuccéde au tumulte des armes ;
Et j'oublie en ces lieux les plus cruels revers.
Quelle voix fufpend mes allarmes ?
Quel Dieu vient adoucir la rigueur de mes fers ?

SCENE II.

HILUS, ÏOLE.

HILUS.

VENEZ, fille des Rois, il eſt tems de paroître.
Le rang où le Ciel vous fit naître
N'eſt plus ignoré dans ces lieux.
Moi-même, avant de le connoître,
J'ai lu vos deſtins dans vos yeux.
L'amour vous a ſoumis un cœur dont il eſt maître,
La beauté pour régner n'a pas beſoin d'ayeux.

ÏOLE.

Laiſſez gémir votre victime.
Nos cœurs ſont-ils faits pour l'amour ?
Et puis-je pardonner au ſang qui vous anime
Sans révolter celui qui me donna le jour ?
Hilus, mon pere eſt mort.

HILUS.

Il eſt mort avec gloire.
C'eſt le crime de la Victoire,
Et non pas celui du Vainqueur.
Mais,

Mais, faut-il vous venger en me perçant le cœur?
Frappez.

ÏOLE.

Vous n'êtes point coupable.

HILUS.

Pourquoi donc m'accabler d'une injuſte rigueur?

ÏOLE.

Hélas! à travers ma douleur
Voyez-vous éclater une haine implacable?
Non, non, vous n'êtes point coupable.

Héros ſenſible & généreux,
Vous ferez aſſez malheureux,
Sans que ma haine vous accable.

HILUS.

Si vous m'aimiez, quel bien manqueroit à mes vœux?

ÏOLE.

Ah! je frémis des maux que l'amour nous prépare.
Mais, dois-je révéler ce myſtere fatal?

HILUS.

Ah, parlez. Quel effroi de mon ame s'empare!

Ï O L E.

Perfide époux, tyran barbare,
Alcide ofe m'aimer.

H I L U S.

Mon pere eft mon rival !

Ï O L E.

Fille de Palénor, j'ai vu la flamme errante
Répandre dans nos murs fa fureur dévorante.

J'ai vu le vainqueur inhumain
Dans les fers me traîner mourante ;
Et je l'ai vu m'offrir fa main
Qui du fang de mon pere étoit encor fumante.

H I L U S.

O Dieux ! qu'ai-je entendu !

Ï O L E.

Son amour criminel
Vient m'attacher à lui par un nœud folemnel.

H I L U S.

O mere infortunée ! ô malheureufe époufe !

Ï O L E.

Tremblez que fa fureur jaloufe
Ne le rende encor plus cruel.

De nous voir & de nous entendre
Fuyons s'il fe peut le danger.
Un regard, un foupir eft facile à furprendre ;
Le myftere en amour eft un voile léger,
Et tout peut trahir un cœur tendre.
De nous voir & de nous entendre
Fuyons, s'il fe peut, le danger.

E N S E M B L E.

Le plaifir de mêler nos larmes
N'adoucira plus nos malheurs.
La pitié dans vos yeux a pour moi trop de charmes.
Oubliez mes allarmes,
Cachez-moi vos douleurs.
La pitié dans vos yeux a pour moi trop de charmes.

Ï O L E fort.

SCENE III.

DEJANIRE, HILUS, DIRCÉ.

DEJANIRE, vivement.

MON fils, que tes vaiſſeaux, avant la fin du jour,
Soient prêts à s'élancer ſur la plaine liquide.
Chargé de mes préſens, vole au-devant d'Alcide,
Va lui porter l'hommage & les vœux de l'amour.

SCENE IV.

DEJANIRE, DIRCÉ.

DEJANIRE.

DE mon bonheur puis-je douter encore,
Dircé? J'aime un Héros que l'Univers adore,
Le digne ſang des Dieux, l'exemple des mortels,
Un fils dont Jupiter s'honore,
Qui doit lui-même un jour partager ſes autels.

DIRCÉ.

Puiſſe le tendre amour dont vous brûlez ſans ceſſe
Ne jamais vous coûter de pleurs !

DEJANIRE.

Avec mille vertus Alcide eut fa foiblefle.
Les plaifirs fur fes pas ont répandu des fleurs ;
   Ils ont égaré fa jeunefle.
   Le charme eft enfin diffipé.
Il s'éloigne d'Omphale, il me tient fa promefle,
Il vient me rendre un cœur de moi feule occupé.

SCENE V.

DEJANIRE, DIRCÉ, ÏOLE,
LES CAPTIFS.

(Marche danfée, pendant laquelle les Captifs préfentent
les tributs de leurs climats.)

(Pendant la Marche, ÏOLE refte au fond
du Théâtre.)

CHŒUR DE CAPTIFS.

EPOUSE d'un héros qui des Dieux eft l'image,
  L'amour & l'effroi des humains ;
Des cœurs qu'il a foumis recevez l'humble hommage.
Sa valeur n'eut jamais enchaîné que nos mains ;
  Sa clemence a fait d'avantage.

D E J A N I R E.

Que de ces fers on les dégage.

On danse.

U N E   C A P T I V E.

Je trouve mes Dieux
Par-tout où l'on aime.
Pour tous, en tous lieux
L'amour est le même.
Vaincus & Vainqueurs,
Sous sa loi suprême
Il tient tous les cœurs.

L E   C H Œ U R.

Nous trouvons nos Dieux
Par-tout où l'on aime, &c.

L A   M E M E.

Parmi les lauriers,
A l'ombre d'un hêtre,
Bergers, ou guerriers
Nous n'avons qu'un maître.
Aimé dans les fers
L'Esclave croit être
Roi de l'Univers.

L E C H Œ U R.

Nous trouvons nos Dieux, &c.

On danse.

Ïole s'avance pour rendre hommage à Dejanire.

D E J A N I R E, *à* Ïole.

Princesse, au gré de la victoire
Les trônes tour à tour sont détruits ou fondés.
Le sort vous a trahie, & nous a secondés ;
Mais à vaincre le sort un grand cœur met sa gloire.
Vos droits vous sont rendus dans cet heureux séjour.
Du fils de Jupiter la Cour est votre azile.

Ï O L E.

Le malheur fuit l'éclat du jour,
Il ne veut qu'un oubli tranquile.

D E J A N I R E.

Non, non, si mes vœux sont remplis,
Vous ne gémirez plus du malheur qui vous presse.
Dans ces lieux, par vous embellis,
A vos destins tout s'intéresse.

Ï O L E.

(*à part.*)

Et pour elle & pour moi quel horrible avenir !

(*à* Dejanire.)

Si vous êtes sensible aux pleurs de l'innocence,

De ces bords dangereux laiſſez-moi me bannir.
Laiſſez-moi retourner aux lieux de ma naiſſance,
Y pleurer mes malheurs.

DEJANIRE.

Non ; je veux les finir.

JOLE.

Si vous êtes ſenſible aux pleurs de l'innocence,
De ces bords dangereux laiſſez-moi me bannir.

DEJANIRE.

C'en eſt aſſez. Alcide en ces lieux va venir ;
Et vous êtes ſous ſa puiſſance.

(ÏOLE ſe retire.)

SCENE VI.
DEJANIRE, DIRCÉ.
DIRCÉ, *vivement.*

Est-ce à vous de la retenir ?
Apprenez qu'Alcide l'adore.

DEJANIRE.

Dieux, qu'entends-je !

DIRCÉ.

D I R C É.

On dit plus encore :
Au mépris de vos feux l'hymen va les unir.

D E J A N I R E.

Et qui t'a révélé le crime du perfide ?

D I R C É.

L'Efclave favori d'Alcide,
Lichas a publié ce myftere odieux.
Daignez l'interroger.

D E J A N I R E.

Moi ! rougir à fes yeux !
Hélas ! pour m'accabler en faut-il davantage ?
Je n'en ai que trop entendu.
Cette efclave eft tremblante & veut fuir ce rivage ;
J'ai vu mon fils lui-même interdit, confondu.
Du crime de l'ingrat leur trouble eft le préfage.
La honte, la douleur, le défefpoir, la rage
Déchirent mon cœur éperdu.
C'en eft fait, mes enfans, vous avez tout perdu.
L'opprobre & l'abandon, voilà votre partage.
Pere barbare !.. ô Dieux qui me l'avez rendu,
Dans les pleurs ne l'ai-je attendu,
Que pour lui voir brifer le faint nœud qui l'engage ?

Eſt-ce là le prix qui m'eſt du ?
Non , je ne puis ſurvivre à ce dernier outrage.
La honte , la douleur , le déſeſpoir , la rage
Déchirent mon cœur éperdu.

D I R C É.

Pour ramener l'ingrat n'avez-vous point encore
Ce tiſſu précieux , ce préſent du Centaure ?

D E J A N I R E.

Ah , Dircé , quel recours ! je rougis d'y penſer.

D I R C É.

Vous laiſſerez-vous offenſer ?
Dans ce voile enchanté l'amour cache ſa flâme.
C'eſt un charme puiſſant pour attendrir ſon ame :
Neſſus vous l'a prédit expirant à vos yeux.

D E J A N I R E.

Je ne me connois plus.... je tremble , je friſſonne....
Au trouble de mes ſens ma raiſon m'abandonne.
Je le vois préparer cet hymen odieux.....
Je périrai moi-même avant qu'il s'accompliſſe.
Viens. A la perfidie oppoſons l'artifice :
C'eſt le dernier eſpoir que me laiſſent les Dieux.

F I N D U S E C O N D A C T E.

ACTE TROISIEME.

Le lieu de la Scêne est un Amphithéâtre, au delà duquel on voit le Temple de Jupiter.

SCENE PREMIERE.
HERCULE, *seul.*

TROMPEUSE image de ma gloire,
Cachez ma honte à l'Univers.
Destructeur des Tyrans de la terre & des mers,
Je ne puis fur mon cœur remporter la victoire;
Et dompté par l'amour, je languis dans fes fers.
Trompeufe image de ma gloire,
Cachez ma honte à l'Univers.

D ij

SCENE II.

HERCULE, PHILOCTETE.

PHILOCTETE.

Au pied du mont Olimpe, une illuftre jeuneffe
Vient célébrer les jeux que tu fais publier.

HERCULE.

Puiffent-ils me faire oublier
Les charmes que j'évite & que je vois fans ceffe !
Je ne t'ai point caché ma nouvelle foibleffe :
La beauté fut toujours l'écueil de ma vertu.

PHILOCTETE.

On fuccombe aifément au danger que l'on aime.
Ton cœur ne connoît pas ce qu'il peut fur lui-même.
Il eût vaincu l'amour, s'il l'avoit combattu.
          Vois Déjanire dans les larmes ;
Vois du plus tendre hymen les fruits abandonnés.
A la honte, à l'oubli les as-tu condamnés ?
Rompras-tu fans remords des nœuds fi pleins de
    charmes ?

HERCULE.

Trop indigne des noms & de pere & d'époux,
Je veux bien t'avouer la fureur qui m'anime.
J'immolerois mon fils pour premiere victime,
Si je m'abandonnois à mes tranfports jaloux.

PHILOCTETE.

Hilus !

HERCULE.

Il a fçu plaire à l'objet qui m'enflâme.
La haine & la pitié, la nature & l'amour
   Partagent tour-à-tour
   Et déchirent mon ame.

PHILOCTETE.

Tous les monftres encor ne font pas terraffés.

HERCULE.

L'amour eft dans mon cœur une hidre renaiffante.

PHILOCTETE, *vivement*.

Ranime contre lui ta force languiffante.

HERCULE.

Je le veux, mais en vain.

PHILOCTETE.

Tu le veux , c'eſt aſſez.

Une ſymphonie guerriere annonce l'arrivée des combattans.

Mais j'entends dans les airs la trompette éclatante.
Les jeux ſont annoncés.

SCENE III.

HERCULE , PHILOCTETE,

GUERRIERS, *Compagnons d'*HERCULE, *portant
des trophées compoſés des dépouilles des Tyrans &
des Monſtres qu'il a domptés.*

THESSALIENS & THESSALIENNES.

HERCULE , ſe tournant vers le Temple de Jupiter.

ARBITRE des deſtins , ô toi dont la puiſſance
Remplit l'immenſité des Cieux !
Dieu ſouverain de tous les Dieux !
Reconnois un mortel qui te doit la naiſſance.
J'ai puni comme toi le crime audacieux ;
Comme toi j'ai vengé la timide innocence ;
De ton ſang immortel ſuis-je digne à tes yeux ?
Arbitre des deſtins , &c.

L E C H Œ U R.

Chantons Alcide & ſes combats.

HERCULE, *vivement & avec reconnoiſſance.*

Chantez, chantez le Dieu terrible
Qui donne la force à mon bras.

L E C H Œ U R.

Chantons Alcide & ſes combats.
Les Tyrans ſont domptés, & la terre eſt paiſible.

HERCULE & PHILOCTETE.

Chantez, chantez le Dieu terrible
Qui donne la force à ⎰ mon ⎱ bras.
⎱ ſon ⎰

L E C H Œ U R.

A ſa valeur rapide il n'eſt rien d'impoſſible.
Et par-tout la victoire a volé ſur ſes pas.
Chantons Alcide & ſes combats.
Chantons.

HERCULE & PHILOCTETE.

Chantez le Dieu qui ⎰ me ⎱ rend invincible.
⎱ le. ⎰

LE *CHŒUR.*

Chantons Alcide & ſes combats.

LE *CHŒUR & ALCIDE.*

{ Chantons } le Dieu terrible
{ Chantez }

Qui donne la force à { ſon } bras.
{ mon }

Les jeux commencent par le combat de la lutte : le prix
eſt la peau d'un tigre. Le vainqueur, après l'avoir
reçue des mains d'Hercule, exprime ſon triomphe en
danſant.

Le prix du chant eſt une Lyre.

On préſente en danſant des couronnes aux Vainqueurs.

UN *THESSALIEN.*

Volez, amours, ſur le char de la gloire.
Pour les Héros les doux loiſirs ſont faits.
L'aimable Paix embellit la Victoire,
Et les Plaiſirs embelliſſent la Paix.

Dans les combats voyez Mars en colere,
Il fait frémir l'Univers allarmé.
Près de Vénus voyez Mars à Cythere,
Rien n'eſt plus doux que ce Dieu déſarmé.

Le

LE THESSALIEN avec le CHŒUR.

Volez amours, &c.

On dispute le prix de la danse : le prix est un Tyrse d'or.
H E R C U L E.

Peuples, que l'Univers célébre, à votre exemple,
Ce jour que je consacre à des jeux solemnels.
A Jupiter mon pere élévons des Autels ;
Et que ces monumens suspendus dans son Temple
Rappellent mes travaux & sa gloire aux mortels.

*Les Peuples & les Compagnons d'Alcide se retirent
sur une fanfare.*

S C E N E IV.
HERCULE, PHILOCTETE, HILUS, LICHAS.

H E R C U L E.

Quoi ! mon fils de retour ?

HILUS, présentant la robe envoyée par DEJANIRE.

De l'amour le plus tendre
Recevez l'offrande & les vœux.

E

Rendez à Déjanire un époux glorieux.
Venez tarir les pleurs que vous faites répandre.
Ah ! que n'avez-vous pu l'entendre !
Que n'avez-vous pu voir éclater ſes tranſports !
Son cœur s'élançoit vers ces bords,
Impatient de vous attendre,
Seigneur, venez jouir d'un ſpectacle ſi doux.
Déjanire eſt tremblante, & n'oſe croire encore
Que le ſort appaiſé lui rende ſon époux.
Les Dieux même, les Dieux que l'Univers adore
Ne ſont pas aimés comme vous.

PHILOCTETE, bas.

Entre un coupable amour & la plus belle flâme,
Alcide, à quoi te réſous-tu ?
Le crime & la vertu ſe diſputent ton ame ;
Vas-tu céder au crime & trahir la vertu ?

HERCULE, bas.

Je le vaincrai ce cœur trop long-temps combattu.
    (haut, à Hilus.)
Vous ne me parlez point de la jeune captive ?

HILUS.

La Reine qui la plaint daigne eſſuyer ſes pleurs.

HERCULE.

Eſt-ce aſſez d'adoucir , de plaindre ſes malheurs ?
Dans un humble eſclavage eſt-ce aſſez qu'elle vive ?
Le Ciel l'a miſe au rang des Rois :
Mon fils , du diadême il faut ceindre ſa tête ;
Et pour la couronner c'eſt vous dont j'ai fais choix.

HILUS.

Moi , Seigneur !

HERCULE.

Vous l'aimez ; je vous céde mes droits ,
Et je vous remets ma conquête.

HILUS, *aux pieds d'Alcide.*

Mon pere ! ah, ce bienfait m'eſt plus cher que le jour.

PHILOCTETE, *vivement.*

Enfin je reconnois Alcide.

HERCULE.

La vertu dans mon cœur te devra ſon retour ;
Et ſans l'amitié qui me guide
Je me laiſſois encore égarer par l'amour.
Avant de quitter ce rivage

E ij

Allons à Jupiter préſenter notre hommage.
Viens, Lichas, porte-moi ce voile précieux :
Puis-je m'en revêtir pour un plus digne uſage
Que pour ſacrifier au Souverain des Dieux ?

FIN DU TROISIEME ACTE.

ACTE QUATRIEME.

Le Théâtre repréfente le Veftibule du Temple de JUPITER, *à Trachine.*

SCENE PREMIERE.

DEJANIRE, DIRCÉ.

DEJANIRE, éperdue.

Qu'AI-je fait! ô Neffus, ta fureur m'a trompée.

DIRCÉ.

Reine, qui peut vous allarmer?

DEJANIRE.

Juge du coup mortel dont mon ame eſt frappée.
Le ſang où la robe eſt trempée,
A mes yeux vient de s'enflâmer.
Tremblante au bord du précipice,
J'avois craint d'employer ce funeſte artifice:
Tu m'en as inſpiré le coupable deſſein;
Ou plutôt c'eſt l'Enfer qui l'a mis dans mon ſein.

LA **JALOUSIE** *traverſant les airs.*

Oui, reconnois la Jalouſie,
Compagne & tyran de l'Amour.

DEJANIRE.

Ciel!

LA **JALOUSIE.**

Je ſervois Junon, & Dircé m'a ſervie.
Pleure Alcide expirant; tu le perds ſans retour.
DIRCÉ s'éloigne déſeſpérée, & la furie diſparoît.

SCENE II.

DEJANIRE, seule.

Dieu, grand Dieu, sois sensible à ma douleur
profonde.

Protége un Héros cher au monde :
Hélas ! il est ton sang, il est digne de toi.

*Les Femmes de DEJANIRE accourent à ses cris,
le Temple s'ouvre & les PRÊTRES paroissent.*

SCENE III.

DEJANIRE, FEMMES *de sa suite,*
PRÊTRES *de* JUPITER.

DEJANIRE.

Ministres des Autels, partagez mon effroi.
De ce Héros, l'espoir, le vengeur de la terre,
D'Alcide en ce moment les jours sont menacés :
Attirez sur moi le tonnerre,
Qu'Alcide vive, c'est assez.

LE CHŒUR avec DEJANIRE.

Dieu, grand Dieu, fois fenfible à $\left\{\begin{array}{c}\text{fa}\\\text{ma}\end{array}\right\}$ douleur

    profonde,

      Protége un Héros cher au monde.

DEJANIRE.

    De tes Autels j'approche en frémiffant.

Mon crime m'a rendu ton Temple redoutable.

     Hélas ! ma main feule eft coupable,

Et mon cœur, tu le fçais, mon cœur eft innocent.

DEJANIRE avec LE CHŒUR.

Dieu, grand Dieu, fois fenfible à $\left\{\begin{array}{c}\text{ma}\\\text{fa}\end{array}\right\}$ douleur

    profonde,

      Protége un Héros cher au monde.

                 On danfe.

LE GRAND-PRÉTRE & LE CHŒUR.

    Pere d'Alcide, à tes genoux,

    Pour lui nos vœux fe font entendre.

    Veille fur lui comme il veille fur nous ;

    Rend lui les biens qu'il prend foin de répandre.

Les Prêtres préparent le Sacrifice.

La danfe exprime les vœux des Femmes de DEJANIRE.

                 (*L'Autel*

(*L'Autel tremble & le Tonnerre gronde.*)

DEJANIRE.

Le Temple eft ébranlé! Quels éclats menaçants!

LE GRAND-PRÉTRE.

Fuis, tremble, époufe criminelle.
Le Ciel avec horreur rejette ton encens.

(le Temple fe ferme.)

SCENE IV.
HILUS, DEJANIRE.

DEJANIRE.

Ah, mon fils !

HILUS, éperdu.

Dieux! qu'entends-je ? & quelle voix m'appelle?

DEJANIRE.

Tu méconnois ta mere ! Arrête.

HILUS.

Laiffez-moi.
Ce nom me fait frémir d'effroi.

F

Allez, allez cacher dans la nuit éternelle
Un forfait qui vous rend l'horreur de l'Univers.
Quand je crois préfenter les dons d'une main chere,
    C'eft votre fureur que je fers!
Vous rendez votre fils le bourreau de fon pere!
Puis-je à ces traits affreux reconnoître ma mere?

D E J A N I R E.

Hélas ! c'en eft donc fait.

H I L U S.

        Le plus grand des humains,
Alcide, votre époux, l'auteur de ma naiffance
   A reçu la mort de mes mains.

D E J A N I R E.

Injuftes Dieux ! cruels deftins !
C'eft vous qui dans le crime entraînez l'innocence.

H I L U S.

    Alcide expire, confumé
Du feu que dans fon fein vous avez allumé.
    Couvert de la robe fatale,
Il marchoit à l'Autel ; une flâme infernale
    Tout à coup pénétre fes fens.
Il veut de la douleur étouffer les accens;

Mais il n'en peut dompter l'horrible violence,
   Et par les cris les plus perçans
   Il rompt ce farouche silence.

Son corps fumant exhale une noire vapeur :
A ses flancs embrasés le voile affreux s'attache :
   Il le déchire avec fureur ;
Mais en lambeaux sanglans c'est en vain qu'il
   l'arrache,
Et le poison rapide a coulé dans son cœur.

Il tombe, il se débat en mordant la poussiere :
Des pleurs mêlés de sang inondent sa paupiere :
   Il se reléve avec effort,
Il embrasse l'Autel, il implore la mort.

Tout frémit : la terreur l'environne & nous glace.

Il me voit, il m'appelle, & j'approche éperdu.
Malheureux, m'a-t il dit, ton erreur m'a perdu ;
Mais elle est innocente, & ta douleur l'efface.
   Traîne-moi loin de ces Autels
   Que ma foiblesse deshonore ;
   Fuyons, puisque je vis encore,
Et cessons d'exciter la pitié des mortels.
   Vous l'allez voir.
     D E J A N I R E.
     Après mon crime,
Le voir ! Ah ! je vais le venger.
       F ij

De mes tranſports jaloux ton pere eſt la victime.
Par un charme inconnu j'ai voulu l'engager ;
        Ce charme eſt un poiſon funeſte
        Qu'une furie a préparé.
La rage des Enfers, la colere céleſte,
Rien n'excuſe l'erreur de mon cœur égaré.
        Qu'Alcide en mourant me déteſte ;
Que de tout l'Univers mon nom ſoit abhorré.
Mais en fermant les yeux de ton malheureux pere,
Peins-lui le déſeſpoir de ta coupable mere ;
Et dis-lui que mon cœur l'a toujours adoré.

FIN DU QUATRIEME ACTE.

ACTE CINQUIEME.

*Le Théâtre repréfente le Mont Oeta environné
d'épaiffes Forêts.*

SCENE PREMIERE.

LES GUERRIERS COMPAGNONS D'HER-
CULE, *élevant fon bucher.*

LE CHŒUR.

ALCIDE au tombeau va defcendre.
Qui méritoit mieux des Autels ?
Helas ! du plus grand des mortels
Il ne va refter que la cendre.
Alcide, &c.

SCENE II.
HERCULE, PHILOCTETE
& les précédents.

HERCULE, *se traînant sur le bucher.*

ENFIN je succombe à ma rage.
L'excès de la douleur a vaincu mon courage.
   (*à Philoctete.*)
Cruel, à mes tourmens veux-tu m'abandonner ?

PHILOCTETE.

De ta gloire à jamais ce seul instant décide.
Ose souffrir la vie, ôse la couronner
      Par une mort digne d'Alcide.

HERCULE,

Quelle mort! sous les coups d'une femme perfide!

Oui, je veux lui survivre ; oui, je veux de ma main
      Arracher son cœur inhumain.

      Qui la dérobe à ma vengeance ?
Quoi! mon fils avec elle est-il d'intelligence ?
Il me fuit !

PHILOCTETE.
Tu le vois dans la douleur plongé.

SCENE III.

HERCULE, PHILOCTETE, HILUS.

HERCULE, à HILUS.

APPROCHE. Hé bien, suis-je vengé ?
Viens-tu d'immoler ma victime.

HILUS.

Elle est ma mere.

HERCULE.

Après son crime
Peux-tu la nommer sans horreur ?

HILUS.

Hélas ! connoissez son erreur.
Pour vous rendre à ses vœux, dans ses tendres allar-
mes
Elle a cru n'employer qu'un secours innocent.
Nessus l'avoit trompée ; & ce venin puissant
Est le sang du perfide infecté par vos armes.

HERCULE.

Son cœur n'eſt point coupable !

HILUS.

Ah ! croyez-en mes larmes
Et la douleur qu'elle reſſent.

CHŒUR de Femmes dans l'éloignement.

O jour fatal ! ô mort cruelle !

HERCULE.

Qu'entends-je ? quel cri gémiſſant !

SCENE IV.

ÏOLE, LES FEMMES DE DEJANIRE
& les précédents.

LE *CHŒUR, en s'approchant.*

O JOUR fatal ! ô mort cruelle !

HILUS, à ÏOLE.

La Reine ?...

ÏOLE.

Elle n'eſt plus.

HILUS

HILUS.

O mon pere!

ïOLE.

A nos yeux
Elle vient d'expirer, en demandant aux Dieux
D'épuiser leur rigueur sur elle.

HERCULE, HILUS & le CHŒUR.

O jour fatal ! ô mort cruelle.

HILUS.

Nos malheurs sont comblés.

HERCULE.

Il faut les soutenir.
Venez, trop aimable captive.
Pour essuyer vos pleurs que mon fils me survive.
En mourant je dois vous unir.
Je dois de Palénor calmer l'ombre plaintive.

(*à son fils.*)
Tous mes maux vont finir : mon fils, embrasse-moi....
Non, non, arrête, éloigne-toi ;
Ah! crains de respirer le feu qui me consume :
Avec plus de fureur je sens qu'il se rallume.

G

Quels accès! quel supplice! ô Dieux qui m'éprou-
        vez,
Qui vous offrit jamais plus d'encens, de victimes?
Et si tel est le fort que vous me réservez,
        Quel fort destinez-vous aux crimes?
(*Il succombe.*)
Viens, mon fils, fois témoin de l'excès de mes maux.
        Peuples heureux par mes travaux,
        Est-ce là ce bras invincible,
Ce bras fous qui tomboient les lions étouffés?
Dessoché, confumé d'une flamme invisible,
Le reconnoiffez-vous dans cet état horrible?

Hercule est abattu : Tyrans vous triomphés.
        (*Il se leve.*)
        Au défaut de mes mains tremblantes
        Hâtez-vous de me fecourir.
Je souffre mille morts, & je ne puis mourir.
Déchirez, difperfez mes dépouilles fanglantes.
Arrachez de mon fein mes entrailles brûlantes.

Lâches, vous frémiffez, vous m'abandonnez tous.
Où font-ils, ces brigands dont j'ai purgé la Terre?
        Ils feroient moins cruels que vous.

Dieux ! accordez-moi le tonnerre.
        Il retombe fur le bucher.

HILUS & le CHŒUR.

Il expire dans les tourmens.

PHILOCTETE.

Alcide !.... quels gémiſſemens !

HERCULE. (*il ſe reléve.*)

Mes yeux appéſantis vont perdre la lumiere.
 Hilus, jure-moi d'accomplir
La volonté d'un pere à ſon heure derniere.

HILUS.

Ordonnez.

HERCULE.

 Jure-moi que tu vas la remplir.

HILUS.

J'en atteſte les Dieux.

HERCULE. (*il monte ſur le bucher.*)

 Viens délivrer mon ame
De ſon infernale priſon.
Au bucher de ton pere ôſe porter la flamme.

HILUS, épouvanté.

Moi !

HERCULE.

Frémis du parjure & de la trahifon.

HILUS.

Vous voulez que je fois l'horreur de la nature !
Les Dieux me puniroient fi je n'étois parjure.

HERCULE.

Obéis, tu le dois.

HILUS.

Je ne puis.

HERCULE.

Je le veux.

HILUS.

Mon pere !

PHILOCTETE.

Alcide !

HERCULE.

Ah malheureux !

La foudre tombe fur le bucher & l'allume, HER-
CULE eft enveloppé dans les flammes. Tout-à-coup
le bucher fe transforme en un Char, fur lequel
HERCULE paroît triomphant.

SCENE DERNIERE.

LES PRÉCÉDENTS, HERCULE;
JUPITER *sur son trône, environné
de la Cour céleste.*

JUPITER à HERCULE.

VIENS, mon fils, viens jouir de ta gloire nouvelle.

La flamme a consumé ta dépouille mortelle;

Triomphe du trépas, affranchi de ses loix.

Dieux, il est votre égal. Terre, il est mon image.

Mondes qui m'adorez, rendez-lui votre hommage.

Astres brillants des cieux, retracez ses exploits.

*Le Char d'HERCULE s'éleve jusqu'au pied du trône
de JUPITER.*

CHŒUR GÉNÉRAL,
La Cour céleste & le Peuple.

Que tout l'Univers soit son Temple:
Il est rempli de ses bienfaits.

Que fa gloire foit à jamais
Des vertus l'efpoir & l'exemple,
Et l'épouvante des forfaits.

Les Divinités céleftes defcendent & forment des danfes.

*Cette fête eft l'apothéofe d'*HERCULE.

HERCULE, *en s'élevant aux cieux.*

Peuples, recevez mes adieux.

(*à* PHILOCTETE.)

Digne ami, c'eft à toi que je laiffe mes armes.

(*à* HILUS.)

Mon fils, j'aurai fur vous les yeux.

(*à* ÏOLE.)

Princeffe, embelliffez la Terre par vos charmes;
Mais tournez quelquefois vos regards vers les Cieux.

(*Un Divertiffement général termine l'Opera.*)

F I N.

APPROBATION.

J'AI lu, par ordre de Monfeigneur le Chancelier, *Hercule mourant,*
Tragédie Lyrique, & je n'ai rien trouvé dans ce Poëme qui ne doive
en favorifer l'impreffion. A Paris, ce deux Février mil fept cent foi-
xante & un.

DE MONCRIF.

www.ingramcontent.com/pod-product-compliance
Lightning Source LLC
La Vergne TN
LVHW021820170726
843503LV00007B/3282